Par N. Bricogne V. Barbier

MÉMOIRE

DES TANNEURS,

Relativement au droit de Marque sur les Cuirs et Peaux, dont l'établissement est proposé par le tit. V, art. 186 *à* 210 *de la loi présentée à la Chambre des Députés, le* 23 *décembre* 1815.

Les cuirs et peaux sont, par les lois qui ont été proposées sur les finances, rangées au nombre des marchandises qui doivent supporter un impôt. Le titre V composé de 25 articles d'une de ces lois, est consacré à régler le taux d'un droit de marque sur les cuirs, et la forme de la perception. Si les chambres de commerce eussent été consultées relativement à l'établissement de ce droit, les Tanneurs se seraient empressés de soumettre, par leur intermédiaire, à l'administration, les observations que nous nous voyons dans la nécessité de présenter aux deux Chambres, auxquelles le projet de loi est proposé.

L'intention qui nous a porté à rédiger ce Mémoire, n'est point de nous opposer à l'établissement de tout droit sur les cuirs et peaux, nous savons combien sont grands les besoins du trésor; nous reconnaissons que dans des circonstances aussi malheureuses, tous les Français doivent supporter avec résignation les sacrifices qu'elles exigent impérieusement. Nous présentons nos observations avec d'autant plus de confiance, qu'elles ont pour but d'indiquer de meilleures formes de perception de cet impôt, et que d'ailleurs nous regardons les Tanneurs comme désintéressés dans cette question ; ils peuvent être chargés de payer le droit, de l'avancer même, mais ils doivent être remboursés complètement; car sans doute on ne prétendra pas, comme au temps où la nature des impositions indirectes n'etait pas connue, qu'un droit sur les cuirs est un impôt sur les Tanneurs. On sait maintenant que les impôts sur les objets de consommation peuvent être momentanément avancés par les fabricants ou négociants ; mais qu'en définitif, lorsque l'impôt est bien assis, il est supporté par le consommateur ; et que lorsqu'il est mal combiné dans son tarif ou dans sa perception, il retombe sur le producteur.

Il serait facile de démontrer que par une conséquence rigoureuse de ce principe, l'impôt projetté pourrait être placé avec plus d'avantage pour le trésor même, soit sur chaque tête de bétail, soit sur les souliers et les bottes fabriqués. Dans l'un ou l'autre mode, l'impôt serait payé directement par les véritable contribuables, par ceux qui, en définitif, en partagent le poids : par le propriétaire du bétail qui vendra les peaux de ses animaux moins cher; si elles doivent supporter un droit à la fabrication, et par le consommateur, qui achètera un plus haut prix les objets à son usage, s'ils sont grevés d'un impôt. Dans ces deux modes, l'industrie du fabricant resterait libre et affranchie de toute gêne ; il pourrait se livrer sans obstacle à ses travaux multipliés, et accomplir sans trouble les opérations diverses par lesquelles un cuir brut est rendu propre à faire un utile et long usage ; le fabricant ne serait pas privé d'une partie de ses capitaux ; enfin, la surveillance et la perception du droit, seraient plus faciles et moins coûteuses.

Le droit même serait à la fois plus profitable au fisc, et moins onéreux aux contribuables, car et le fic et les contribuables, profiteraient de la réduction des frais de perception et de l'économie d'une fabrication sans entraves.

Mais on pourrait prétendre que ces considérations nous sont étrangères, et, en les contestant, n'y voir de notre part que l'intention de rejetter sur d'autres les embarras inséparables de la levée d'un impôt. Nous abandonnons ces observations à la méditation des administrateurs et des hommes éclairés qui composent les deux Chambres ; et, nous renfermant dans la discussion du titre V du projet de loi, nous supposons avec ses rédacteurs qu'un droit sur les cuirs est inévitable, et que le payement en doit être fait par les Tanneurs. Dans cette hypothèse, nous avons à examiner si le projet de loi prescrit les moyens les plus certains et les plus économiques, pour prévenir la fraude et assurer le recouvrement de l'impôt, sans nuire à notre industrie.

Cette tâche sera facile. Le titre V de la loi proposée renouvelle les dispositions des édits de 1759 et 1772, portant établissement et réglement d'un droit sur les cuirs. Plusieurs des articles projettés sont copiés textuellement dans ces édits (1)

(1) On a tellement copié le tarif de 1759, que l'on a fait les mêmes omissions ; le nouveau tarif ne comprend pas les peaux d'*ânes et de cochons*, mais le tarif de 1759 portait : « Les cuirs et peaux façonnés qui ne son

et le système de la nouvelle loi n'en diffère qu'en ce qu'il aggrave et multiplie les mesures de précaution, et de surveillance, en donnant une extension extrême aux exercices ordinaires de la régie des droits réunis.

Pour démontrer les conséquences qu'entraînerait le renouvellement de ces dispositions, nous n'avons qu'à retracer les suites funestes qu'eût jadis l'exécution de ces deux édits. Nous pouvons invoquer une expérience peu éloignée et incontestable dont les faits et les résultats ont été soigneusement recueillis, et sont heureusement conservés dans le travail d'un administrateur également estimé pour ses lumières, pour son zèle et son amour du bien public.

Afin d'écarter de nos observations la défaveur souvent injuste qui s'attache dans toute question d'imposition, aux réclamations des parties intéressées, nous emprunterons les propres paroles du conseiller d'état du Roi, qui fut spécialement chargé, dès 1775, de recueillir et d'apprécier les plaintes des Tanneurs, sur l'exécution des édits de 1759 et 1772, et de les comparer avec les renseignements demandés aux intendants des provinces, et ceux fournis par la Régie alors chargée de la perception des droits de marque sur les cuirs.

---

pas dénommés au présent tarif, *payeront dix pour cent de leur valeur*. On a substitué à ces derniers mots : *seront imposés au taux le plus élevé pour chaque nature d'apprêt*. Il en résulterait que *la peau d'âne* et celle *de cochon* tannées, payeraient un franc par kilogramme, tandis que la peau de cheval et du bœuf ne payeraient que 30 *centimes*. Il fallait ou copier en entier le tarif de 1759, ou placer la peau d'âne et celle de cochon parmi les moins imposées.

Nous faisons imprimer à la suite de ce Mémoire, l'Extrait du rapport rédigé, en 1788, par M. le conseiller d'état Dupont de Nemours. Ce rapport, fruit d'une observation et d'un travail de treize années (de 1775 à 1788), avait déterminé le Contrôleur-général à proposer la suppression des droits de marque des cuirs. Cette suppression arrêtée en principe, ne fut différée que par la recherche d'un mode de remplacement.

Pendant le cours de la révolution, des gouvernements avides et nécessiteux tentèrent plusieurs fois de rétablir ce droit : chaque fois il fut repoussé par le souvenir des maux qu'il avait causés. Ce fut une tentative de ce genre qui détermina en l'an XII (1804) ; M. le conseiller d'état Dupont de Nemours, à faire imprimer son rapport de 1788.

Le rapporteur a présenté une analyse fort étendue des renseignemens parvenus au ministère des finances sur les maux causés par le droit de marque. Ce tableau complet ne pourrait que donner une force plus grande à nos réclamations ; mais pour ne pas fatiguer l'attention, nous l'avons beaucoup resserré.

Nous avons respecté, avec un scrupule religieux les expressions du rapporteur ; nous n'avons ni ajouté ni modifié, et c'est toujours avec regret que nous avons supprimé. Nous ne pouvons trop inviter ceux qui seront plus spécialement chargés de l'examen de cette partie du projet de loi, à se procurer le rapport même dont nous sommes contraints à ne donner qu'un extrait.

Il ne nous reste qu'à moutrer la parfaite similitude des principales dispositions du projet de loi avec celles des édits de 1759 et de 1772, et les aggravations qui y sont ajoutées. En nous suivant dans cette comparaison, on se convaincra facilement que la loi proposée aurait des effets plus désastreux que ceux dépeints avec autant de vérité que de force dans le rapport de M. le Conseiller d'état Dupont de Nemours.

Avant le régime introduit en 1759, les cuirs étaient assujettis à une multitude de droits différents et variables, suivant les localités; mais ces droits avaient été ou érigés en titre d'office, ou affermés. Les tanneurs s'étaient rendus ou fermiers ou titulaires des offices, où ils avaient traité ou transigé avec les titulaires ou fermiers. Ainsi au moyen d'un sacrifice une fois fait, ou d'un abonnement annuel, il s'étaient rédimés de toute vexation. Le commerce de la tannerie avait prospéré sous ce régime effrayant à la lecture des édits, mais qui avait été modifié et adouci par le temps, et surtout par les calculs et les combinaisons de l'intérêt particulier, si souple, si habile, lorsqu'on lui laisse quelque liberté, à réparer les fautes des législateurs, qui s'aggravent au contraire par la roideur d'administrateurs inflexibles, ou par les rigueurs de régisseurs impitoyables.

Sous le prétexte de favoriser, de surveiller un commerce qui florissait, d'améliorer un régime dont les inconvénients avaient cessé, d'apporter de l'uniformité dans une législation dont le temps avait fait disparaître ou dont l'intérêt particulier avait compensé les différences, l'édit de 1759 introduisit un systême entièrement nouveau, dont le véritable but était d'obtenir plus d'argent. L'article 6 assujétissait les cuirs au paiement d'un droit exigible, trois mois après l'apposition d'une marque, et réglé à raison du poids. L'édit de 1772, régla diverses formalités et obligations nouvelles ou précédemment introduites par l'usage et par un réglement de 1766.

Les inconvénients de ce mode de perception, les tracasseries et les injustices que les employés de la Régie y ajoutèrent, furent tels, que, suivant les résultats consignés dans le rapport, en 1775, seize ans seulement après la date de l'édit de 1759, les produits de cette branche d'industrie étaient réduits de plus de moitié. Ce commerce était languissant. La plupart des maîtres Tanneurs avaient été ruinés et étaient réduits à travailler comme ouvriers, dans le petit nombre de fabriques qui subsistaient encore. D'autres avaient préféré, pour conserver leurs capitaux, s'expatrier et porter leur industrie dans les pays étrangers. C'est à cette cause que les fabriques de cuirs des Pays-Bas, de l'Allemagne et de l'Italie, doivent leur origine; enfin la fabrication avait tellement diminuée, que non-seulement la France avait cessé d'exporter des cuirs à l'étranger mais qu'elle se vit obligée d'en recevoir des fabriques étrangères et de celles chassée de France par le droit, et surtout par les vexations qui accompagnaient sa perception (1).

Les articles proposés 190, 191, 192, 193 et

---

(1) Pour se faire une idée du développement que le commerce des cuirs a pris depuis la suppression du droit de marque, il suffira de faire observer qu'il y a vingt-cinq ans, il n'existait à Paris où le régime de la Régie était plus supportable que deux cent fosses au plus. Il y en a maintenant plus de *six cents*, et nous pouvons dire, sans vanité, que les Tanneurs ont une réputation honorable de probitéet de solidité. L'accroissement dans les départements a été aussi considérables.

194, renouvèlent toutes les dispositions vexatoires des édits, et les aggravent. Aucun cuir ne pourra soit être mis en fosse, soit en être retiré, hors la présence des employés de la Régie, qui devront être prévenus trois heures d'avance. Le temps des ouvriers se perdra en courses inutiles, en attente vaine; le moment favorable pour coucher ou relever les cuirs sera manqué. Ils resteront au milieu de leur préparation exposés au vent, au soleil, à la gelée, parce qu'un commis occupé ailleurs, ou de mauvaise humeur aura différé son arrivée.

Il faudra qu'à tout instant le chef de la fabrique et ses ouvriers, soient aux ordres du moindre commis qui, sous le plus léger prétexte, par simple caprice, voudra procéder à des vérifications, des comptages, des pesées fatigantes et interminables.

La différence inévitable dans le poids des cuirs, suivant leur état de sécheresse dû, soit à la seule influence de l'atmosphère sur une matière animale et grossière, soit à l'état des magasins où elle aura été renfermée, sera une source intarissable de variations dans les pesées, de discussions et de chicanes dans la perception des droits.

Ces détails et beaucoup d'autres qu'il faudrait ajouter, paraîtront rebutants et minutieux; mais ils sont d'une grande importance dans la fabrication d'une marchandise de peu de valeur, et dans laquelle l'attention la plus soigneuse, l'économie la plus minutieuse du travail, du temps des ouvriers, des déplacements, des transports, etc., peuvent seules procurer le bon marché et la bonne confection.

La Régie ne se bornerait pas, comme sous l'empire des édits de 1759 et 1772, à surveiller la fabrication, elle étendrait sa vigilance infatigable jusques *chez les marchands de cuirs ou peaux de toute espèce*, (art. 203) : *chez les tanneurs fabricants, marchands et autres*, (art. 205) : *les fabricants, les marchands et ouvriers qui vendent, préparent ou employent des cuirs ou peaux seront soumis aux visites des employés de la Régie*, (art. 206).

Avant d'imposer de tels devoirs aux employés de la Régie, en a-t-on bien calculé la multiplicité et apprécié l'importance.

Le cuir et la peau sortant des tanneries ne sont, pour beaucoup de fabriques, qu'une matière première. Les tanneries ne donnent aux peaux qu'une première préparation qui les dégrossit et les dispose, mais qui ne les rend encore propres à aucun usage immédiat. Cette considération seule devrait suffire pour les faire maintenir exempts de droits.

Une foule d'ouvriers de tout état exercent une nouvelle industrie sur cette matière première. Outre les peaussiers, les cordonniers et les savetiers qui n'en employent pas d'autres; les selliers, les bourreliers, les carrossiers, les tapissiers, les gantiers, les tailleurs, les pompiers et beaucoup d'autres états *vendent, préparent ou employent des cuirs et peaux*. Seront-ils tous soumis aux visites des employés de la Régie? Seront-ils tous tenus de ne découper les cuirs en morceaux qu'en présence des employés, (art. 203)? Quelle innombrable armée de commis faudra-t-il donc, et cela non pas pour percevoir, mais pour surveiller, car le droit aura été payé à la fabrique.

On connaît la propension des employés du fisc à étendre leur juridiction. La loi leur donnant une telle latitude, on ne peut douter qu'ils en useront, et que tous les marchands et ouvriers qui touchent à la peau seront obsédés de visites et d'exercices.

Ainsi, ce serait pour les employés de la Régie un devoir aussi essentiel d'assister à la mise en fosse de plusieurs milliers de cuirs, et à la découpure d'une empeigne, et d'un talon de soulier ou d'un petit doigt de gand. Ils exerceraient (c'est le terme) avec une égale attention, et la vaste fabrique qui renferme cent fosses, et l'humble hotte du savetier ambulant. Jamais ils ne perdraient de vue une seule peau; depuis le moment où elle est enlevée à la corruption, jusques à celui où, après de longues et nombreuses préparations, elle vient se placer parmi les produits du travail, également propre aux usages les plus utiles comme aux plus agréables.

Nous n'hésitons pas à l'affirmer : une pareille surveillance serait impraticable telle qu'elle est réglée par l'art. 203, lors même qu'elle serait bornée aux seuls corroyeurs et marchands qui achètent aux tanneurs, achèvent de préparer et vendent en détail. Lorsqu'un marchand achète des cuirs entiers ou des peaux, il ne prévoit pas quelle division exigera le besoin des acheteurs. Il peut bien faire à l'avance couper des morceaux principaux et usuels; mais s'il n'a pas la faculté de couper et recouper suivant la demande de chaque instant et la fantaisie de chaque ouvrier, ou il manquera sa vente, ou il passera par dessus la règle, au risque des procès-verbaux, des condamnations et des amendes. Pour être juste envers les corroyeurs et les marchands, il faudrait que la Régie entretînt, à demeure, dans chaque attelier et dans chaque boutique, un employé armé de son marteau.

Sur beaucoup de morceaux, la marque ne pourrait être placée ni conservée. En quel endroit la placera-t-on sur toutes les parties d'un soulier, d'une botte ou d'un gand ? l'ouvrier soigneux de son ouvrage commencera par retrancher la marque ; il en résultera à la fois et qu'il paraîtra en contravention et qu'il y aura une perte considérable de cuir.

Peut-on sérieusement charger des hommes raisonnables de poursuivre cette innombrable quantité de morceaux de cuir marqués et non marqués, de les rapprocher, de les confronter, de dresser procès-verbal, et d'intenter des poursuites dès qu'ils auront rencontré une rognure non marquée qui ne pourra pas être exactement adaptée à une autre rognure marquée ? Sous quel régime une pareille inquisition ne placerait-elle pas le commerce? Quels dangers n'aurait pas cette perpétuelle obsession ? Quelles luttes n'établirait-elle pas entre cette nuée importune d'employés de la Régie, et cette foule d'ouvriers peu endurants et grossiers ? Si les exercices et les visites faciles et peu fréquents chez un petit nombre de marchands de vin, ont suscité tant de réclamations et rencontré tant de résistance, quels maux ne produiraient pas des exercices difficiles et continuels sur des ouvriers presque innombrables.

On est également effrayé des frais que coûterait une telle organisation, ils absorberaient les produits; et des maux qu'elle causerait, elle détruirait cette branche d'industrie, elle exciterait le mécontentement d'une classe nombreuse (1).

De quelle utilité serait d'ailleurs une marque répétée et multipliée sur chaque rognure de cuir? Fraudera-t-on les droits par parcelles de deniers? Si les tanneries sont suffisamment surveillées, *si les lignes de douanes sont bien gardées*, ne sera-t-on pas assuré qu'il ne peut exister dans le commerce aucun cuir qui n'ait payé le droit?

Dans les grandes fabriques, la fraude est impossible, parce que le fabricant qui se borne à diriger, compte autant de surveillants, et doit craindre de trouver autant de dénonciateurs qu'il employe d'ouvriers; mais les petites fabriques où le chef travaille avec ses enfants et un ou deux ouvriers, peuvent facilement soustraire une partie de leurs marchandises à la marque et aux droits. Le projet de loi, comme les édits de 1759 et 1772, détruirait donc principalement les grandes fabriques, que l'admi-

(1) Un cuir peut peser terme moyen 50 livres ou 25 Kilogramme, à raison de 30 centimes par Kilogrammes, chaque cuir payerait 7 francs 50 centimes. Pour recouvrer ce droit il faudrait surveiller la fabrication, la vente et l'emploi pendant deux années; suivre chaque chaque cuir dans son passage chez le fabricant, le corroyeur, les marchands et les ouvriers, et dans son partage en dix, quinze et jusqu'à quarante et cinquante morceaux; le prendre en charge autant de fois, et y apposer autant de marques. Il est plus que probable que les frais d'une perception et d'une surveillance ainsi organisées, absorberaient la moitié ou les trois quarts du droit.

nistration doit encourager, ou au moins conserver, puisque la fabrication y est à la fois plus économique et meilleure, et la surveillance pour les droits plus assurée. Le projet de loi ne laisserait subsister que de petites fabriques, qui végéteraient en fraudant les droits, et en vendant fort cher de mauvaises marchandises.

Quelques graves que soient les inconvénients et les dangers que nous venons de signaler, la loi proposée en renferme encore de plus redoutables, dans les art. 165, 196 et 209.

Les cuirs doivent être frappés d'un marteau particulier à chaque tannerie, en même temps que du marteau de la Régie.

Il ne s'agit pas seulement ici de la conservation ou de la destruction de la tannerie, des profits et de la fortune des Tanneurs ; ils sont tous menacés dans leur honneur et dans leurs personnes, sans aucun moyen de se garantir des hasards de la négligence ou des machinations de la malveillance.

L'art. 209 porte : « *Toute contrefaçon des marteaux sera punie des peines portées par le Code pénal pour le crime de faux*, (c'est-à-dire des travaux forcés et de la marque), *ou de celles prononcées par les art.* 142 *et* 143 *du même code*, (de la réclusion et du carcan).

Ces peines assurément n'auraient rien d'inquiétant pour le fabricant honnête, déterminé à se soumettre avec empressement à des lois exécutables, mais la nature de la marque, et l'organisation de cet impôt seraient telles qu'aucun fabricant ne serait à l'abri des soupçons ni des accusations de faux.

Il faut d'abord se rappeler ce que nous avons

déjà dit de l'espèce de marchandises assujétie à la marque; les cuirs et peaux, même apprêtés, sont dans un état constamment variable d'humidité ou de sécheresse; ils sont susceptibles de resserrements et de dilatations qui agissant sur les marques, les tirailleront dans un sens ou dans un autre, et les déformeront; les marteaux seront grossièrement travaillés, s'useront promptement; les commis ou les ouvriers chargés d'apposer cette quantité infinie de marques, se négligeront, se fatigueront, et frapperont tantôt plus fort, tantôt moins; les empreintes seront souvent imparfaites et méconnaissables: des peaux échapperont à la marque........ Ce peu de mots suffit pour démontrer combien il est possible que les empreintes faites avec les vrais marteaux puissent être prises pour de fausses empreintes, et donner lieu à des accusations de faux.

Bien plus, il peut arriver qu'un marchand ait acheté des cuirs marqués d'un faux marteau sans qu'il y ait de sa faute, et même qu'il existe des cuirs marqués d'un faux marteau de la Régie, accompagné d'un faux marteau d'un fabricant; car, celui qui contrefera le marteau de la Régie, se gardera bien d'y associer son propre marteau. Le fraudeur voudra se dérober aux recherches et aux dangers; il se cachera sous le nom de l'honnête homme; il contrefera le marteau d'un confrère, en choisissant de préférence la fabrique la mieux famée et la plus considérable. Aucun fabricant ne sera donc à l'abri d'une accusation de faux. Chaque Tanneur sera exposé à voir fondre sur lui, de toutes les parties de la France, un déluge de procès dans lesquels son honneur sera compromis, et où il aura à se défendre contre les apparences, la prévention et la malveillance; son salut sera livré aux hasards de la vérification d'une empreinte douteuse, et de la foi accordée à ses allégations. Ses protestations parleront seules en sa faveur, tandis que des faits matériels, des pièces à conviction paraîtront l'accuser.

Que l'on ne nous dise pas que nous feignons des craintes vaines et exagérées : il a existé, sous le régime des anciens édits, des exemples connus de condamnations injustes, sans compter toutes celles que l'autorité de la Régie, la ruine, la fuite ou l'exécution de l'innocent condamné, ont dérobées à notre connaissance.

Le commerce n'a pas oublié que la marque des cuirs causait seule plus de procès criminels que toutes les aides et les fermes.

Quel juste effroi ne doit-on pas concevoir, lorsque l'on voit renaître un tel régime, hérissé de bien plus de rigueurs, et lorsque les marques prescrites seraient plus que décuples de celles usitées antérieurement? Est-ce une allarme vaine de la part d'un fabricant riche et estimé, que de craindre la jalousie du fabricant nécessiteux? ses efforts pour frauder, en rejetant les soupçons et les dangers sur un autre? d'appréhender la haine, les dénonciations, les manœuvres calomnieuses de l'ouvrier, mauvais sujet, qu'il aura congédié? de redouter les vengeances d'un misérable commis, d'un employé arrogant, auquel il aura déplu, ou dont il aura négligé ou refusé d'acheter la complaisance? Quelqu'un des ouvriers ou des commis qui habiteront les ateliers bien plus que le fabricant, ne peut-il pas y introduire furtivement de faux marteaux?

apposer de fausses marques, les dénoncer et les saisir ensuite avec éclat, pour mettre le fabricant à contribution, ou pour recueillir les récompenses promises par la Régie, et y ajouter le plaisir secret de se venger d'un honnête homme, en le ruinant et le deshonorant?

Mais cette marque si dangereuse, et qui peut être si fatale aux Tanneurs, est-elle donc un préservatif assuré contre la fraude, et un moyen infaillible de la reconnaître? Nous l'avons déjà dit, l'imperfection et la détérioration rapide des marteaux, la négligence inévitable dans l'application des marques, leur grand nombre, la grossièreté des empreintes, les variations de la marchandise, la facilité de la contrefaçon, l'incertitude des vérifications, rendront ce moyen de surveillance aussi insuffisant, aussi nul, qu'il peut devenir funeste. Mais lors même que tous ces vices ne rendraient pas la marque aussi dangereuse qu'inutile, il suffirait pour que la Régie ne pût y accorder aucune confiance, qu'elle supposât un seul de ses commis assez négligent pour perdre son marteau, ou assez infidèle pour en prêter ou en vendre l'usage. Cette marque offre donc aussi peu de garantie à la Régie qu'elle doit donner d'alarmes aux Tanneurs.

Nous sommes, nous l'avouons, épouvantés des dangers auxquels cette marque sur les cuirs et peaux exposerait notre industrie et chacun des fabricants en particulier. Si la loi pouvait être admise telle qu'elle est proposée, il ne resterait plus aux Tanneurs, qui ne voudraient pas se voir à la discrétion du dernier de leurs ouvriers, qui ne voudraient compromettre ni leur fortune ni leur honneur, qu'à quitter un état désormais assujetti à tous les caprices, exposé à toutes les injustices du moindre employé, et dans lequel l'avilissement et la fraude pourraient seuls préserver d'une ruine complète. L'industrie et les capitaux fuient devant les vexations et les dangers; dès-lors, comme cela eut lieu dans les années qui suivirent l'édit de 1759, on peut être assuré qu'un grand nombre de Tanneurs se détermineraient à porter à l'étranger leur industrie; attirée par la protection qui lui est accordée dans les états voisins, et qui serait repoussée de France par des persécutions et des périls continuels.

Nous rendons aux administrateurs qui ont préparé le projet de loi, en copiant les édits de 1759 et de 1772, et en y ajoutant les usages de la Régie des droits réunis, la justice de croire qu'ils n'ont pas connu les effets qu'avaient eu ces édits, ni prévu les conséquences inévitables du renouvellement et de l'aggravation d'un régime justement abhorré; nous ne doutons pas que s'ils eussent lu le rapport de M. le conseiller d'état Dupont de Nemours, et que s'ils eussent daigné faire consulter ceux d'entre nous qui ont la double expérience de l'exécution des édits et de leur suppression, ils n'eussent renoncé à établir un droit et une marque sur les cuirs et peaux dans une forme destructive et impraticable.

Nous nous croyons fondés à demander que les cuirs et peaux tannés et apprêtés soient considérés comme matières premières et exemptés de tous droits; cependant si l'on croyait devoir prélever un droit sur les cuirs et peaux, nous demanderions que l'organisation en fût concertée avec les chambres de commerce, qui s'adjoindraient les principaux Tanneurs et Corroyeurs.

La demande que nous faisons d'être consultés pour l'établissement d'un droit sur l'objet de notre commerce, paraîtra peut-être nouvelle; mais elle sera accueillie par un gouvernement paternel et par une administration qui ne cherche qu'à s'éclairer, qui n'a en vue que le plus grand bien de la chose publique. C'est ainsi que l'on procède dans les gouvernements représentatifs et modérés. La circulaire adressée à de simples maisons de commerce, par le ministre des finances des Etats-Unis d'Amérique, le 8 août dernier, relativement à un nouveau tarif des douanes, est un modèle à cet égard. Il ne dédaigne pas de réclamer le secours de *leur expérience pratique sur la formation du tarif* général qu'il est du devoir du secrétaire de la trésorerie de *présenter au congrès à la prochaine session:* Il demande des informations sur les articles qui *sont chargés de trop forts droits*, sur ceux qui *demandent une réduction des droits:* il va jusqu'à solliciter des avis *sur la manière d'établir et de percevoir les droits.*

Il serait à désirer que préalablement à tout changement de tarif et à toute introduction de nouveaux droits réunis ou de douanes, l'administration française consultât les chambres de commerce; on parviendrait enfin à avoir un système complet d'impositions indirectes qui ne blesserait aucun intérêt, qui ne détruirait aucune industrie, et qui serait aussi profitable au fisc que peu onéreux au commerce et aux consommateurs. Fruit de toutes les lumières, il obtiendrait promptement l'assentiment général.

Dans l'établissement de nouveaux droits on devrait toujours avoir pour but principal d'éviter la multiplication des employés, et les frais excessifs qui absorbent une grande partie des recettes, d'épargner aux fabricants les dérangements, les vexations et les dangers dont l'équivalent ajoute au poids de l'impôt, en élevant le prix de la marchandise sans profit pour le trésor, et en pure perte pour le consommateur. Enfin, on devrait apporter le plus grand soin à éviter entre les ouvriers et les commis ces points de contract si dangereux et que l'on semble s'appliquer si imprudemment à multiplier.

L'extrait ci-après du rapport fait en 1788, contient les développements et les preuves de toutes les assertions que nous avons avancées, et justifie toutes les craintes que nous inspire le projet de loi que nous venons de discuter.

Nous ne terminerons pas ce Mémoire sans faire quelques représentations sur le titre 9 de la loi art. 262 à 281, qui établit un droit sur le transport des marchandises. Le droit de transport peu sensible sur les marchandises d'un grand prix, sera très-onéreux sur les cuirs et sur le tan qui sert à leur préparation. Ce sont des marchandises communes de peu de valeur et d'un grand poids. On a senti l'inconvénient d'assujettir ces sortes de marchandises au droit de transport, et l'art. 272 exempte formellement *les bois de chauffage et de construction.... et autres objets de cette nature:* cette exemption est applicable aux écorces et au tan, qui sont assurément de la même nature que les bois, mais pour éviter toute incertitude et toute difficulté, nous demandons que le tan soit dénommé textuellement dans l'art. 272, parmi les objets exemps de payer les droits de transport (1).

BAYARD, G. SEITZ, SALLERON et BRICOGNE,	Tanneurs à Paris.
GILLET,	à Nemours.
LANFROY,	à Ferrières.
SALLERON,	à Lonjumeau,
FERRAND, FERRAND FERNEL,	à Brinon.
MÉNAGER,	à Coulommiers.
CORNISSET,	à Sens.

---

(1) Nous avons oublié une citation importante à l'égard de la Marque.

« La Cour des Aides de Rouen et le Parlement de Gre-
» noble ont fait marquer avec la Marque de la Régie, une
» quantité de morceaux de cuir, qu'on a ensuite donnés à
» deux graveurs experts de la Régie pour les examiner : ils
» ont décidé que la moitié des Marques étaient fausses.

(*Encyclopédie méthodique, tome* 3, *article Manufactures et Arts*).

EXTRAIT D'UN RAPPORT,

FAIT EN AOUT 1788,

SUR LE DROIT

DE MARQUE

DES CUIRS,

PAR UN CONSEILLER D'ÉTAT,

M. DUPONT DE NEMOURS,

IMPRIMÉ EN L'AN XII (1804).

PRÉFACE,

Faite en l'an XII (1804).

Ce Livre n'est pas destiné au Public.

On n'en imprime qu'un petit nombre d'Exemplaires, pour épargner les frais et sur-tout les lenteurs de la copie, dans le cas où il pourrait devenir nécessaire de soumettre les faits et les principes qu'on y a recueillis au Gouvernement, à ses Ministres, aux conseillers-d'État, et aux Tribuns, dont il demande les avis.

Le rétablissement d'une partie des Droits d'Aides, la création d'une nouvelle Régie pour les administrer, la tendance naturelle de toute Compagnie à multiplier ses attributions; l'espèce de *réaction* qui porte à remettre en vigueur toutes les Institutions, bonnes ou mauvaises, qui ont précédemment eu lieu, inspirent une crainte assez légitime que quelque jour, en fouillant dans les décombres de l'ancienne Finance, quelque faiseurs de Projets n'y trouve des notions imparfaites sur le Droit de marque des Cuirs, et ne le présente comme une ressource fiscale.

Cette ressource serait funeste, contraire à l'intérêt de l'État et à celui du Prince. C'est ce dont ne pourra douter aucun de ceux qui auront la patience de lire ce *Rapport*.

Il a été fait au mois d'août 1788, pour M. LAMBERT, alors contrôleur-général, par un Conseiller-d'Etat, qui, dans plusieurs places de confiance intime, sous tous les Ministres de Louis XV et de Louis XVI, à l'exception du seul abbé Terray, avait eu, depuis 1763, une grande part à l'administration de l'Agriculture, du Commerce et des Finances, et même à quelques Négociations politiques très-importantes.

S'il n'est pas question de renouveller un impôt particulier sur les Cuirs, cet Ouvrage restera enseveli parmi des papiers de famille.

Mais si quelqu'un tente d'égarer sur ce point l'opinion du Chef de l'État, ce sera une action louable que de lui faire connaître le passé.

L'Auteur, aujourd'hui plus que sexagénaire, et prêt à faire un long voyage au-delà des mers, ne veut pas que l'absence, ni la mort, l'empêchent de rendre encore ce service à la patrie.

Ce sera en même-temps une sorte de monument historique. On a prodigué au malheureux Louis XVI le nom de *Tyran* : ses Ministres et son Conseil ont été calomniés. On verra combien les vertus de ce Monarque infortuné encourageaient les bonnes intentions de ses Ministres, et qu'elle application laborieuse, scrupuleuse, minutieuse peut-être, ses Conseillers-d'État portaient dans leurs travaux.

INTRODUCTION.

Il y a bientôt vingt-neuf ans (1) que le droit actuel de *Marques sur les cuirs* est établi, à la place de plusieurs droits anciens qui existaient légalement dans la moitié du Royaume ; mais dont la perception n'y avait pas lieu, parce qu'ils étaient attribués à des *offices*, et que les Tanneurs eux-mêmes s'en étaient rendus adjudicataires.

Ce droit a constamment occasionné des réclamations très-fortes. Le Gouvernement s'est, à diverses reprises, occupé de constater à quel point elles étaient justes ou mal fondées.

En 1775, M. *Turgot* consulta MM. les intendants à ce sujet, et les chargea de vérifier les faits qui lui avaient été exposés.

Sur leur rapport, il s'était déterminé à proposer au Roi de supprimer le droit de marque ; mais la Régie ayant toujours différé de lui remettre des renseignemets qu'il avait jugé nécessaires pour éclairer les moyens de remplacement, il ne put terminer cette opération.

En 1788, M. *Necker* se fit présenter le travail qui avait été fait sous le ministère de M. *Turgot*. Il paru disposé à en suivre les vues.

---

(1) Ce rapport a été fait en août 1788.

Il fit rédiger à cet égard un mémoire très-étendu.

Il se laissa ensuite persuader qu'en chargeant la Régie des Aides de la perception du droit de marque des cuirs, il obvierait à l'inconvénient dont il avait été le plus frappé, celui de l'énormité des frais de perception ; et il crut suffisant de joindre le droit sur les cuirs aux autres droits qui seraient confiés à la Régie Générale.

En 1788, on a encore songé à supprimer le droit de marque des cuirs. Des projets de lois ont été rédigés.

Cet objet avait d'abord été compris parmi ceux dont les Notables auraient à s'occuper.

Ensuite on le réserva pour être discuté par le COMITÉ *d'Administration de commerce*, institution qui n'a point eu lieu, et que celle du *Bureau de Commerce* a remplacée.

Cependant les plaintes des Tanneurs sont arrivées aux Notables directement. M. *Lambert* s'en est occupé de même avant son ministère, et depuis, il y a toujours donné une attention soutenue.

Il a consulté de nouveau les Administrateurs des provinces ; et il a chargé le conseiller d'Etat qui avait suivi ce travail sous M. *Turgot* et sous M. *Necker*, de lui rendre compte, non-seulement des réponses de MM. les Intendants, mais encore de ce qui s'est fait jusqu'à présent sur cette matière, et des différents projets qui ont été et qui sont proposés.

Pour se conformer aux intentions de ce Ministre, on divisera ce Mémoire en cinq parties.

La première contiendra quelques recherches sur l'origine et l'histoire des impôts et droits de marque sur les cuirs depuis 1585, jusqu'à l'établissement du droit unique, en 1759.

La seconde offrira les changements arrivés dans la perception de ce droit, et les réclamations auxquelles il a donné lieu depuis 1759 jusqu'en 1775, avec les réponses des Régisseurs.

La troisième sera l'extrait détaillé des informations prises en 1775 et 1776 par MM. les Intendants, sur les effets que le droit avait alors produits.

La quatrième partie présentera l'extrait des nouvelles réclamations adressées aux Ministres, par les Tanneurs et les provinces, celui des réponse des Régisseurs, et celui des dernières informations recueillies par MM. les Intendants, et envoyées à M. le contrôleur-général dans le cours de la présente année.

La cinquième partie développera les différents projets présentés au Ministre, pour suppléer au produit du droit de marque sur les cuirs, les avantages et les inconvénients de chacun de ces projets.

On espère qu'un rapport aussi détaillé ne laissera lieu à aucun doute.

PREMIÈRE PARTIE.

De l'origine des Droits de Marque sur les cuirs, et de ce qui s'est passé à leur sujet jusqu'à l'établssement du droit unique.

L'ORIGINE du *Droit de marque* sur les cuirs est purement fiscale.

Son établissement fut en vain décoré de cinq ou six préambules qui présente les marques liées à la perception de ce droit, comme un moyen de pourvoir aux abus de la mauvaise fabrication; « et *à la malice des hommes*, qui ne laissant » pas assez long-temps leurs cuirs en fosse, les » donnaient de mauvaise qualité »,

Le prétexte ne trompa personne, quoiqu'il fût assorti à l'esprit réglementaire de ce tems-là, qui ne s'est que trop soutenu et accru depuis, et qui se débat encore en expirant aujourd'hui.

Henr III fit enregistrer, *en lit de justice*, le 16 juin 1586, le premier édit, qui avait déjà un an de date, et par lequel il établit en titre d'office « des contrôleurs, marqueurs de cuirs, en » chacune des ville, vicomté, prévôté ou gros » bourg du royaume.... avec deux sols tournois » de droits par chaque grand cuirs, et pareille » somme par douzaine de peaux de veau, mou- » tons et autres ».

Pourquoi ces impôts sur les cuirs plutôt que sur toute autre branche d'industrie? Il est impossible de le savoir. Il n'y avait aucune raison de préference. Le hazard en décida sans doute. La noblesse alors était presque toujours à cheval ; on usait beaucoup de bottes ; le commerce des cuirs était florissant. Les Tanneurs, qu'on n'avait point vexés, et dont la profession, qui oblige de vivre dans la malpropreté et de respirer sans cesse une mauvaise odeur, n'invite pas à la concurrence, passaient pour riches et devaient l'être. Tels furent vraisemblablement les motifs de détermination.

Quand on ignore qu'il ne faut pas mettre d'impôts sur l'industrie, on en voit une branche qui prospère, on la frappe, elle tombe : c'en est une autre qu'on remarque après elle, on y court ; et ainsi de suite ; jusqu'à ce que le commerce soit détruit.

L'Édit fut donné à Folembray, au mois de janvier 1596, et enregistré en *lit de justice* le 21 mai 1597, sous la clause « que les deniers ne se» raient employés qu'au payement de l'armée et des Suisses ».

Le tarif était de moitié en sus de celui de *Henri III*.

Cet Edit ne put être enregistré qu'aux Cours des Aides de Paris, Rouen, Dijon et Clermont-Ferrand, et n'eut d'exécution que dans leur ressort.

Le parlement de Rouen différa son enregistrement jusqu'au 9 août 1601.

En 1627, le Cardinal de Richelieu cherchant des fonds extraordinaires pour la guerre contre les protestants, et pour la campagne où fut prise la Rochelle, fit rendre à Louis XIII deux édits pour mettre de nouveaux impôts sur le commerce des cuirs, toujours sous le prétexte de police.

C'était déjà un doublement de l'impôt sur les cuirs, dans le très-mauvais principe de tirer un secours momentané de la vente de ces impôts, ou des offices auxquels on en attribuait la perception.

Les deux Édits ne purent être enregistrés qu'au bout de cinq mois en *lit de justice*, au Parlement et à la Cour des Aides de Paris.

Ils le furent ensuite aux Cours des Aides de Dijon et de Clermont-Ferrand. Ils ne le furent point encore en celle de Normandie.

La Normandie résista long-temps à toutes ces formalités vexatoires ; on les réunit dans un Édit du mois de juin 1633, que le Duc de Longueville, assisté de deux conseillers d'État, fit enregistrer à la Cour des Aides de Normandie.

Une déclaration du 15 décembre 1703, enregistrée le 9 janvier suivant, établit une augmentation de droit d'un quart en sus, et assigna aux officiers des gages.

Une loi du 6 février 1706, enregistrée à la cour des aides le 20, est la dernière qui ait précédé l'établissement de la marque actuelle. « Les droits, dit le préambule, donnent tous » les jours matière à contestation entre les pro- » priétaires et les Tanneurs et autres employés » à l'apprêt et façon des cuirs »....

Cette loi a fixé le régime sous lequel la fabrication et le commerce des cuirs ont subsisté cinquante-trois ans, et jusqu'à l'établissement du droit de marque actuel.

Ce régime, quoique un peu moins mauvais que celui qui avait été établi par M. Colbert, était certainement d'une nature très-injuste et très-dangereuse.

A n'en juger que par la législation, et si elle eût été suivie à la rigueur, le commerce des cuirs devait être plus gêné et plus malheureux qu'il ne l'est aujourd'hui.

Deux marques, celle des prud'hommes et celle des contrôleurs-visiteurs-marqueurs.

Trois droits, celui des contrôleurs-visiteurs-marqueurs, celui des prud'hommes, et celui des vendeurs-déchargeurs-lotisseurs (car les officiers vendeurs avaient acheté aussi ces charges subalternes, dont ils faisaient faire le service et percevaient les droits).

L'obligation, vraiment absurde et odieuse, de payer les droits de vendeurs sur le même cuir dans le lieu de l'achat, dans celui du débit, et à chaque revente.

La nécessité de faire des déclarations à toutes ces espèces d'officiers ;

Celle de les appeler à la fabrication ;

Celle de souffrir les visites de leurs commis, étaient les mêmes qu'aujourd'hui.

La foi était de même ajoutée à leurs procès-verbaux.

Toute cette législation, plus imparfaite encore et plus incohérente que celle qui lui a succédée, a pu faire regarder celle-ci comme un bienfait, lorsqu'elle a été proposée dans le ressort des quatre Cours où l'ancienne était établie.

Cependant, si cette législation ancienne était encore plus mauvaise que ne l'est la nouvelle, les effets qu'elle a produits étaient beaucoup moins funestes. Le commerce des cuirs s'était soutenu avec elle, et la fabrication avait même prospéré.

Il convient d'expliquer comment et pourquoi.

Parce qu'il *y avait la moitié du royaume où elles n'avaient jamais été établies ;* ensuite, parce que, dans les provinces mêmes qu'on y y avait soumises, *plusieurs cantons avaient échappé au mal* supporté par les autres ; enfin, parce que dans les lieux où les droits et les offices étaient en vigueur, *les contribuables eux-mêmes en étaient devenus propriétaires* pour une somme modique, une fois payée, aux fermiers, pour une redevance annuelle peu considérable. De sorte que *la perception ne se faisait point, ou ne se faisait qu'avec beaucoup de ménagement*, et que la liberté subsistait, ou s'était rétablie dans le pays, quoique la tyrannie se montrât sur le papier. Mais elle y était comme des œufs de chenilles, prêts à éclore, et d'où, à une certaine époque, devait sortir une armée propre à tout dévorer. Cette époque arriva en 1759.

SECONDE PARTIE.

ÉTABLISSEMENT DU DROIT ACTUEL DE LA MARQUE DES CUIRS.

Changement arrivé dans la législation ; effet qu'il a produit depuis 1759 jusqu'en 1773.

En 1759, au milieu d'une guerre malheureuse, on proposa à M. *de Silhouette* de masquer l'établissement d'un nouvel impôt, sous la réunion en *un droit unique*, perceptible au profit du Roi, des différents droits sur les cuirs, qui avaient été aliénés à vil prix aux officiers dont le Roi retirerait les offices.

Cependant, ce parlement et même celui de Dijon, firent attendre leur enregistrement ; celui de Rouen n'obéit qu'à des lettres de jussion, et la perception du nouveau droit n'eut lieu en Normandie et en Bourgogne qu'en 1760.

En Languedoc, en Dauphiné, en Provence, et dans les ressorts des parlements de Guyenne, de Pau, de Flandre, de Metz et du conseil souverain d'Alsace, la résistance fut plus forte. Il fallut dans plusieurs Cours d'*itératives lettres de jussion ;* mais les malheurs de la guerre, le motif de l'uniformité ; la menace de fermer aux cuirs des provinces qui voudraient rester franches du droit de marque, toute entrée et tout espoir de débit dans les provinces où il serait établi, et où sont situées les grandes capitales ; l'inconvénient réel qui se trouve à ce qu'une branche d'industrie soit soumise dans quelques provinces à des droits dont elle serait exempte dans d'autres, vainquirent les difficultés, l'établissement du droit de marque fut effectué en 1760 dans toutes les provinces que l'on vient de nommer.

On était alors dans une très-grande ignorance sur les principes des impositions. On imaginait qu'un droit sur l'industrie, quoique vexatoire, quoique surchargé de frais énormes de perception, quoique propre à faire naître une multitude de procès, quoique retombant sur les propriétaires des terres, en diminuant la valeur des bestiaux élevés dans leurs fermes, avec les fourrages de leurs prairies, et sur les consommateurs, en haussant le prix, et détériorant la qualité d'une marchandise dont tout le monde fait usage, était préférable à un impôt qui aurait été plus simple, moins litigieux, moins coûteux, moins destructif du commerce ; mais qu'il aurait fallu payer directement.

Le droit de marque des cuirs, présenté comme une imposition indirecte, dont le fardeau porterait principalement sur une classe de fabricants qui passaient pour riches, (et qui devaient l'être, puisque leur travail demande des avances considérables, et ne peut appeler la concurrence par aucun autre attrait que le profit) fut donc presque généralement adopté, comme un moyen d'éviter un autre impôt, parce que les consommateurs se persuadèrent que la portion qui en retomberait sur eux serait très-légère, et que les propriétaires de bestiaux, de fourrages et de prairies ne se doutèrent seulement pas que la chose pût les intéresser.

La *Franche-Comté* et la *Lorraine* restèrent en arrière relativement au droit de marque des cuirs. Il n'eut lieu qu'en 1762, dans la première de ces deux provinces, et qu'en 1764 dans la seconde.

La Régie ne poussa d'abord dans aucune province la perception à la rigueur.

Les *États de Provence* ont démontré que, la première et la seconde année, les perceptions ont été faites dans leur province sur des évaluations affaiblies des deux tiers, et il y a lieu de croire qu'il en a été de même dans le reste du royaume.

Premièrement, la Régie voulait éviter de soulever les esprits; elle trouvait plus sage de les accoutumer par la douceur à une perception nouvelle.

Secondement, elle manquait de moyens, de directeurs et de commis expérimentés.

Le fait a montré que ce n'est qu'à la quatrième année que la Régie de la marque des cuirs a été complètement montée.

Aussi fût-ce dans cette année que *les plaintes commencèrent à être très-vives.* Les produits baissèrent dès l'année suivante et dans la sixième encore plus. Le parlement de Grenoble demanda au Roi de retirer l'édit, et de suppléér au droit de marque des cuirs par une autre imposition.

On promit un nouveau règlement pour di-

5

minuer la rigueur de celui de 1759, qui avait soumis les Tanneurs, dans le cours de leur fabrication, à des formalités imitées de celles qu'une longue habitude de fiscalité a successivement accumulées pour la perception de la plûpârt des droits d'Aides.

Ce réglement fut en effet publié : ce sont les lettres-patentes du 29 mai 1766 ; leur préambule est remarquable.

« Nous avons reconnu, dit le Législateur, » que *les déclarations prescrites à chaque mise » et levée de fosses et cuves, excitaient jour- » nellement les plaintes des fabricans et ap- » prêtans cuirs et peaux*, sur le fondement que » ces déclarations réitérées dans le cours du tra- » vail et des différentes opérations nécessaires » aux apprêts, *leur étaient infiniment onéreuses ; » que souvent elles étaient préjudiciables à la » préparation des cuirs et peaux*, par l'inter- » valle qui se trouvait nécessairement entre » l'avertissement donné au commis et leur arri- » vée ; et qu'en général *elles pouvaient nuire » au commerce par les entraves qu'elles y ap- » portaient* ».

Il n'est point vrai que les financiers veulent toujours opprimer, comme on le croit chez le peuple, et comme on l'écrit dans les livres ; ils veulent gagner, et ceux d'entre eux qui ont des lumières, sentent que la destruction est un mauvais moyen de profit. Ils voudraient donc ménager le commerce et le peuple, comme un propriétaire de nègres voudrait ménager ses esclaves, pour qu'ils produisent davantage et durassent plus long-temps.

Mais l'influence des esprits moins éclairés,

les conseils des directeurs subalternes, la crainte de l'insubordination et de la fraude, multiplient les gênes, les formalités, les vexations du fisc, comme celles que le possesseur d'esclaves croit devoir se permettre : et les efforts de l'humanité et de la raison devienent impuissants, quoique sincères.

Le dessein de soutenir la fabrique se montre dans plusieurs de ces dispositions, comme dans le préambule ; mais il s'y montre avec la crainte de trop faire aussi pour elle : et dans le surplus de la loi, il est accablé sous la multitude des formalités qui sont prescrites ; des déclarations de jour et d'heure qui sont ordonnées, des obligations de subir telle ou telle visite, de ranger les cuirs de telle ou telle manière, de ne pas les y laisser plus de tel temps, d'en conserver telle portion ; si bien que le régime inquisitorial qui s'y trouvait prescrit, la multitude de contraventions auxquelles il donnait lieu, et les peines multipliées qui devaient inévitablement en être la suite, durent ne faire regarder l'exécution de ces lettres-patentes que comme un fléau de plus.

Elles étaient particulièrement odieuses dans leurs dispositions relatives à l'accusation de fausses marques; dispositions qui n'ont pas été révoquées par les lois subséquentes, et qui subsistent encore.

Une telle législation a dû assujettir les fabricants aux employés, au point que ceux-ci ne doivent presque jamais avoir éprouvé aucune résistance ; qu'ils ont dû pouvoir prescrire toutes les conditions, tous les accommodements, toutes les contributions qu'ils ont voulu aux Tanneurs;

et qu'il a fallu à ces derniers un grand courage, ou un grand désespoir, quand ils ont entrepris de tenir tête à la Régie.

Le préambule des lettres-patentes de 1772, que nous citerons plus bas, fera voir combien ces dispositions étaient, et sont encore dangereuses.

La terreur imprimée par leur première exécution et l'effet des formalités accumulées releva dans l'année 1766 d'environ *trente mille* francs les produits baissés de *deux cent soixante mille*, depuis 1764 dans la totalité du royaume : à l'exception seulement de la Lorraine et de la Franche-Comté, où l'établissement du droit étant nouveau, sa perception faisait encore des progrès.

La continuation de ces progrès, non pas sur la fabrication, mais des progrès de la perception dans ces deux provinces, où elle fut encore accrue successivement de *cinq*, de *deux*, de *trois*, de *deux*, de *sept mille francs*, durant les années suivantes, n'empêcha point la totalité du produit de retomber d'environ *cinquante mille livres* en 1767 : ce qui dénote alors, dans les autres provinces, une perte de *cinquante-cinq mille livres*, malgré la plus grande rigueur de la perception.

Toutes ces données sont tirées des états, remis en dernier lieu par la Régie, à M. le Contrôleur-général.

La dégradation des produits fut ensuite croissant d'année en année, jusques en 1769, que le produit total, toujours selon les états de la

Régie, fut réduit à...... 2,279,374 l. 13 s. 1 d.
dont la perception coûtait 783,520 » »

ou plus de trente-quatre et un tiers pour cent, et qui ne donnait de revenu net que. . . . . 1,496,854 l. 13 s. 1 d.

Les murmures alors furent très-grands par tout le royaume, et surtout en Bretagne.

Rien ne prouve mieux combien les peines extrêmes, prononcées contre les fausses marques, devaient être un affreux moyen de vexation, que ce qui est exposé dans le préambule des lettres-patentes, du 2 avril 1772, sur la difficulté de distinguer les fausses marques des véritables.

« Nous sommes informés (dit le Législateur dans ce préambule), » que les changements qui » s'opèrent *nécessairement* dans les marques » apposées sur les cuirs et peaux humides....., » rendent *la vérification des marques si difficile*........, que les experts qui sont nommés, pour la vérification des marques, éprouvent souvent eux-mêmes des incertitudes qui » ne leur permettent pas de porter un jugement certain; et que les juges auxquels appartient la connaissance des contestations, » relatives à cette partie de nos droits, ne peuvent, par une suite de ces incertitudes, se » procurer les connaissances nécessaires pour » prononcer les peines prescrites par les réglements; de manière qu'il n'existe plus aucune » sorte de balance, ni d'égalité, entre les fabricants qui remplissent fidèlement leurs obligations, et ceux qui se livrent à la fraude ».

S'il était impossible de porter un jugement certain sur la fidélité des marques, à quel arbitraire ne se trouvaient pas exposés les fabricants qui n'avaient que trente sous d'indemnités à espérer, si l'on jugeait qu'ils eussent été injustement soupçonnés ; et qui avaient la perte de leur marchandise, de grosses amendes, le fouet et les galères à craindre, si dans cette incertitude les experts et le juge se trompaient et les croyaient coupables?

On crut rémédier à cet abus en ordonnant, par ces nouvelles lettres-patentes, que la marque de perception ne serait plus apposée, sur les cuirs et peaux, qu'après que la fabrication en serait achevée, et qu'ils seraient ce qu'on appèle *secs*.

Le conseil, peu instruit sur cette matière, se laissa persuader que, sur les cuirs secs, les marques seraient toujours reconnaissables. On ne devrait pas le penser, quand il serait possible de tenir toujours les cuirs au même degré de sécheresse, à l'abri de toutes les intempéries.

Mais, par la nature même de cette marchandise, du commerce qui s'en fait, des voitures qui la transportent, des magasins où il faut la serrer, il n'y en a point qui soit plus exposée à toutes les vicissitudes des saisons, et à toutes les variations possibles d'humidité et de sécheresse. Il n'y en a point sur qui ces variations aient une plus grande influence.

Plus un cuir est sec et a été tenu chaudement, et plus il est disposé à recevoir, à pomper l'humidité de l'atmosphère, et à s'en imprégner : ce qui s'applique à bien plus forte raison, à l'humidité de la pluie, dont il est souvent impossible de le garantir. La peau alors se dilate, et se dilate avec inégalité, parce que ce n'est pas un corps dont toutes les parties soient homogènes. Lorsqu'elle sèche ensuite, elle se contracte, et par la même raison se contracte avec une autre inégalité.

Une seule de ces altérations pourrait déformer une marque. Leur alternative souvent et inévitablement répétée, ne peut que rendre toutes les marques des cuirs du commerce entièrement dissemblables de celles qui restent déposées dans des boîtes, aux greffes des juridictions, à l'abri de tout accident, et dans une température à peu près constance.

Cette dissemblance doit être d'autant plus commune, que les marques, déposées par la Régie aux greffes, pour pièces de comparaison, sont faites avec beaucoup de soin, et lorsque l'instrument est neuf; au lieu que celles du commerce sont apposées avec l'instrument tel qu'il se trouve, mal-propre, chargé au hasard de corps étrangers, qui défigurent l'empreinte, et plus ou moins usé. La veille du jour qu'on la juge hors de service, on marque encore avec, et il fait des empreintes très-semblables à celles auxquelles le régisseur estime lui-même le lendemain, qu'on ne peut ajouter foi.

Ces inconvénients étaient plus grossièrement sensibles, lorsqu'on marquait avec des marteaux qui jamais ne donnaient le coup parfaitement à-plomb. On a cru y pourvoir, en introduisant l'usage des presses. Mais les presses, qui font des empreintes plus parfaites, sur-tout quand elles sont neuves, sont encore plus susceptibles de s'altérer, par la malpropreté qui accompagne inévitablement toutes les opérations sur les cuirs; et comme elles ne peuvent empêcher cette matière de se déformer en tout sens, par les effets de la sécheresse et de l'humidité, la confiance que la perfection de la première empreinte inspire, ne sert qu'à induire en erreur, en rendant plus commun, plus hardi, et par conséquent plus injuste, le soupçon de fausse marque.

Les lettres-patentes de 1772, introduisirent une autre forme, qui partait d'un principe d'équité : ce fut d'obliger, art. IV, « les tanneurs, » fabricants et apprêtants cuirs et peaux, d'a» voir chacun un marteau particulier, sur le» quel seraient gravés leurs noms, surnoms et » demeures », dont ils déposeront une empreinte au greffe de l'élection, et une autre au bureau de la Régie, et qu'ils seraient « tenus d'apposer » sur tous les cuirs et peaux de leur fabrica» tion, au même instant que les commis les » marqueraient de perception. . . . . . et direc» tement au-dessus de la marque de percep» tion ».

Cette disposition avait pour objet de faciliter à la Régie ou aux employants cuirs, la recherche de l'origine des fausses marques, et le recours contre les fabricants qui se les seraient permises. Mais, aucune bonne intention ne pouvait être plus illusoire dans ses effets. *On n'avait point pensé que tout homme, capable de contrefaire la marque du Roi, ne se ferait pas scrupule de contrefaire aussi celle de son confrère*, pour détourner les soupçons; et qu'on n'avait donc imaginé qu'un moyen d'ajouter la calomnie à la fraude, d'embrouiller les recherches, et de multiplier les injustices, en jetant sur les fabricants honnêtes et irréprochables, le soupçon du délit commis par les faussaires et les fraudeurs.

L'incertitude dont le législateur était obligé de convenir, dans les moyens de reconnaître la fidélité des marques de la Régie, ne peut pas être moindre, lorsqu'il s'agit de reconnaître les marques de fabrique; et il n'y a point de Tanneur ou de fabricant de peaux, qui ne soit exposé à se voir arriver de cent lieues, un procès impossible à prévenir, et qui résultera de ce que, dans une foire, il se sera trouvé des cuirs sur lesquels un de ses confrères aura imité sa marque. *Ce cas est souvent arrivé.* Le sieur *Rubigny de Berteval*, Tanneur de Paris, a eu *entr'autres*, à soutenir un procès de ce genre, qui a duré plus de deux ans, pour des cuirs à son nom, et qu'il soutenait n'être pas à sa marque, saisis chez un sellier de Franche-Comté.

Les marques sont toujours un mauvais moyen de reconnaissance, même lorsqu'elles sont imprimées sur les métaux. Et c'est à quoi l'on doit penser sérieusement, au sujet des plombs prescrits sur nos étoffes. Nos manufactures isolées n'ont pu vérifier à quel point la contrebande trompe, à cet égard, la vigilance du Gouvernement. Mais l'ancienne et la nouvelle compagnie des Indes, beaucoup plus puissantes et plus protégées, et qui, pour plus de précaution, ont ajouté à leurs plombs des bulletins manuscrits, ont été constamment certaines qu'il a toujours circulé dans le royaume, un tiers au moins de toiles et de mousseline de plus qu'elles n'en ont vendu, et toutes bien revêtues de plombs et de bulletins entièrement semblables aux véritables, imités les uns et les autres par les Suisses, les Anglais et les Hollandais, avec une telle perfection, que les personnes même, chargées d'écrire les bulletins, ne pouvaient et ne peuvent distinguer ceux qui sont fidèles de ceux qui sont contrefaits; et l'on se fie à des empreintes apposées sur des cuirs et sur des peaux!

Jamais notre commerce ni nos fabriques ne prospéreront, tant qu'au lieu de leur donner de la liberté et des encouragements, on exigera que leurs ouvrages soient soumis à des marques qui n'assurent aucun avantage qu'aux contrefacteurs, et qui détériorent les mœurs de la nation en inspirant le goût de cette profession honteuse, et en ôtant aux fabricants, qui ont de l'honneur et de la probité, tout moyen de soutenir la concurrence.

Il faut, à l'administration de notre commerce, un régime qui rende inutiles ces précautions illusoires; ou il faut s'attendre à voir les fabriques et le commerce écrasés, par la suite même des soins que voudrait prendre, pour leur prospérité, un zèle qui manque de lumières.

Si tel est le danger des marques, qui ne doivent constater que la nationalité des marchandises, ou leur conformité aux réglemens, combien ne sont pas plus dangereuses celles qui ne sont relatives qu'au payement d'un impôt, et dans lesquelles il a fallu, comme pour la marque des cuirs, accumuler les formalités vexatoires, en raison même de ce que la matière à marquer se refusait à conserver aucune trace fidèle.

La Régie a opposé aux fabricants que, si les

effets de la sécheresse et de l'humidité pouvaient déformer les marques sur les cuirs, elles ne pouvaient y transposer les lettres ou en substituer une à la place d'une autre, et qu'il restait donc des caractères de faux reconnaissables. Mais ces faux grossiers sont ceux que les fraudeurs évitent avec beaucoup de soin. Et quand on les trouve, on doit craindre que le délit ne viène pas d'eux. Ils savent mieux leur métier. *Dans plusieurs occasions, les commis ont été accusés, par les Tanneurs, d'avoir employé de fausses marques pour les saisir ensuite*, et perdre des fabricants qui avaient élevé des plaintes, présenté des mémoires aux ministres, témoigné ce qu'on appèle de l'*insubordination*.

Cette idée fait trembler; mais tout devient possible et vraisemblable, lorsque l'on a introduit des formes et des lois, et fomenté des intérêts propres à faire habituellement oublier les principes de la morale.

Imaginez qu'il s'agit d'opérations et de procédures, dont la suite peut être d'un côté la ruine totale, le déshonneur absolu, le fouet et les galères, pour un fabricant même innocent et honnête; et de l'autre, récompense et avancement pour le commis entreprenant et vigilant, et trente sous seulement d'avance à faire par le régisseur, pour lequel même ils ne seront point une perte réelle, puisqu'il les passera en compte au Roi.

Il faut se former une idée nette de ce que c'est que le droit de marque des cuirs, surtout depuis que les lettres-patentes de 1766 et de 1772 ont aggravé les dispositions de l'édit de 1759. C'est, sous prétexte d'une marque et d'un droit de fabrication, celui de rançonner arbitrairement plusieurs classes de fabricants, et de leur vendre la liberté de continuer leur travail, ainsi que la conservation de leur honneur et de leur fortune ; droit confié par les régisseurs en chef à leurs directeurs et commis, sous la condition d'en faire à la Régie un partage avantageux, à peine de ne point avoir d'avancement, et néanmoins à la charge d'éviter, autant qu'il sera possible, de causer trop de scandales et de murmures.

La perception d'un tel droit invite les fabricants à séduire les commis, et ceux-ci à se prêter à la séduction.

L'esprit de fraude devient général chez les uns et chez les autres ; il est le seul conservateur de la fabrique ; conservateur injuste, partial, inégal, arbitraire, comme le fléau qu'il balance. La morale d'un grand nombre de citoyens se trouve perdue ; les principes de probité et d'honneur affaiblis. Leur destruction ne borne pas ses effets à ce qui est relatif aux produits du droit ; la pauvreté d'une part, le découragement, qui est la suite d'un état perpétuel de gêne d'une autre, et le défaut de délicatesse d'une troisième, conduisent à la mauvaise fabrication, qui accélère la rentrée des fonds et les occasions de perception, mais qui diminue la valeur réelle de la marchandise ; qui augmente par conséquent en proportion le poids de l'impôt, qui décrédite la fabrique, qui assure à l'étranger l'avantage de la qualité, comme celui du meilleur prix, et rend la concurrence impossible à soutenir.

En pressant l'éponge, on en tire un peu plus

d'eau, et l'on avance le moment où elle sera épuisée.

La Régie, selon les tableaux qu'elle vient de donner, poussa les frais de perception, en 1773, jusqu'à *neuf cent quatre-vingt-dix-sept mille cent quarante-sept livres*, pour une perception dont le principal n'était que de *trois millions deux cent quarante-cinq mille livres*, et qui, en y ajoutant les sous pour livre, et en retranchant les restitutions, ne donnait que *deux millions quatre cent cinquante mille livres* de revenu net au fisc.

D'autres calculs, qui furent mis alors sous les yeux du Gouvernement, estimaient plus haut les frais de Régie; et si l'on y eut compris les dépenses litigieuses et les accommodements clandestins, on eut certainement trouvé que *l'impôt coûtait à la nation plus du double de ce qu'il rapportait au Roi.*

Les murmures devinrent innombrables depuis 1773 jusqu'en 1775. Plusieurs brochures furent imprimées. Les Tanneurs de toutes les provinces présentèrent des mémoires, accompagnés de tableaux effrayants de la diminution des fabriques.

M. Turgot voulut vérifier les faits; il chargea M. de Fourqueux de cette vérification.

Celui qui tient ici la plume, alors inspecteur-général du commerce, y fut employé sous ses ordres.

Une lettre circulaire fut écrite à tous MM. les intendants.

Il n'était encore arrivé qu'une partie de leurs réponses, lorsque M. Turgot fut disgracié.

MM. les intendans des finances furent remerciés peu après.

Le travail de M. de Fourgueux, relativement au droit de marque des cuirs, fut renvoyé à M. Blondel.

Celui-ci proposa à M. Necker de le faire continuer.

On rassembla ce qui existait de réponses de MM. les intendants.

M. Necker et M. Blondel chargèrent le même inspecteur-général du commerce, rédacteur du rapport actuel, de faire l'extrait de cette correspondance et l'examen des divers projets proposés.

M. Turgot, dont le zèle pour le bien public ne se démentit jamais, et triomphait même des antipathies personnelles, corrigea en secret ce travail, destiné à M. Necker, et dont celui-ci devait seul recueillir la gloire.

TROISIÈME PARTIE.

EXTRAIT *des informations prises en 1775, et 1776, sur l'état des Fabriques de Cuirs et de Peaux, et sur les effets produits par le Droit de Marque.*

Tiré du premier Rapport fait par M. NECKER, *en* 1778.

ALSACE.

» ON peut conclure, des tableaux présentés par la Régie, que la diminution réelle de la fabrication, en Alsace, est d'environ deux quinzièmes malgré l'existence d'un droit prohibitif de l'importation étrangère, qui a diminué celle-ci de 200,000 liv. par an.

» Qu'elle est de près d'un quart, de plus de deux neuvièmes, si l'on considère l'augmentation de travail que ce droit prohibitif paraissait devoir offrir à la fabrique nationale.

» Il ne peut y avoir d'éléments plus concluants que ceux du premier tableau, tiré des registres des directeurs de la Régie, envoyé par M. de Blair, et qui constate une diminution réelle de cinq douzièmes sur l'exportation, et de deux neuvièmes, sur la fabrication, malgré l'existence d'un droit prohibitif de l'importation étrangère qui eut dû augmenter cette fabrication d'un huitième.

» Telle est la conclusion qu'on peut tirer des

Mémoires et des états fournis, par la Régie même, à M. de Blair.

» Les Tanneurs et chamoiseurs de la ville de Strasbourg, ont présenté au conseil un Mémoire, accompagné, pour pièces justificatives, d'un état vérifié et arrêté par leurs corps, assemblés à la Tribu (c'est le nom qu'ils donnent à leur corporation), le 22 février 1775, qui certifie que *douze* tanneurs et *onze* chamoiseurs, ont abandonné leur commerce dans la ville de Strasbourg. Des *douze* tanneurs ruinés, il y en a, selon cet état, *neuf* qui travaillent, comme compagnon, chez leurs confrères. Ils n'en figurent pas moins sur la liste.

» Les Tanneurs de la province d'Alsace, ont pareillement présenté un Mémoire au conseil, soutenu de pièces justificatives, dont la première est un certificat des officiers municipaux des officiers du bourg de Vasselone, en date du 20 février 1775, qui constate que *treize* tanneurs ont, depuis 1759, quitté leur métier dans ce bourg.

» La seconde est un certificat détaillé des officiers municipaux de Sainte-Marie-aux-Mines, par lequel il paraît que de *douze* tanneurs qui y existaient en 1759, il n'en reste que *trois*. L'état communiqué par la Régie à M. de la Galaisière, dont il sera parlé dans l'article suivant, dit *quatre*.

» La troisième est un certificat des grand-bailli et officiers municipaux de la ville de Thann, du 28 février 1775. Ils attestent que de *neuf* tanneurs et mégissiers, existants dans cette ville en 1759, il n'en reste que *trois*, et que la fabrication est baissée des deux tiers.

» La quatrième est un acte du prêteur royal, bourguemestre et magistrat de Landau, qui certifie que le commerce de la tannerie est tombé en décadence, qu'il n'en reste presque plus rien : peu de maîtres, et encore moins d'ouvriers.

» La cinquième est un acte des jurés du corps des tanneurs et chamoiseurs de Colmar, qui certifient que depuis 1759, non-seulement les fabriques connues sous le nom de *Bar et compagnie*, et de *Birkel-Samdhem et compagnie*, ont cessé, mais que *dix* autres tanneurs et *six* chamoiseurs, ont abandonné le métier.

» La sixième est un certificat des officiers municipaux de Béfort, qui attestent qu'en 1759, il y avait dans cette ville *dix* maîtres tanneurs occupant *vingt-cinq* ouvriers, et qu'au 26 mars 1775, il ne restait que *cinq* maîtres, occupant *six* ouvriers seulement.

» La septième est un certificat des officiers municipaux de Saverne, qui constate que de *dix* maîtres tanneurs, établis dans cette ville en 1759, *six* ont quitté; et que de *dix-sept* fosses dont ils faisaient usage, il n'y en a plus que *six* qui soient employées.

» La huitième est un certificat des officiers municipaux de Ribeauvillé, qui attestent qu'en 1759, il y avait dans cette ville, *six* tanneurs et *un* chamoiseur, occupants la plupart *trois* compagnons, sans les autres ouvriers; qu'il n'y avait plus au 11 avril 1775, que *cinq* tanneurs et *trois* chamoiseurs, dont aucun n'était plus en état d'avoir des compagnons, et que de *trente* fosses remplies en 1760, il n'y en a plus que quinze en exercice.

» La neuvième est un certificat du corps des tanneurs et chamoiseurs de Schélestat, daté du 13 avril 1775, qui atteste que depuis 1759, *sept* tanneurs et *dix* chamoiseurs ont quitté dans cette ville, qu'un *huitième* tanneur est sur le point d'en faire autant; qu'on ne fabrique pas la moitié de ce qu'on faisait avant 1760; que les anciens tanneurs occupaient chacun *deux* ou *trois* garçons; que ceux qui restent n'en occupent plus; et qu'il n'y a qu'un seul apprenti dans la ville.

Deux autres certificats de Bitschwiler et de Keisergerg, l'un du 30 avril et l'autre du 2 mai 1775, attestent que de *douze* fabricants qui existaient en 1759, dans chacune de ces villes, il n'en reste plus que *six* dans chacune.

» On trouve encore au dossier un autre certificat des bourguemestres et magistrats de la ville d'Altkirck, qui exposent que de *treize* tanneurs qui y existaient, en 1759, il n'en restait que *trois* le 7 octobre 1775.

» Tous ces certificats sont dûment scellés et signés, et aussi authentiques qu'aucun renseignement que ce puisse être.

» On peut ajouter encore que le rédacteur du présent rapport, qui, en 1773 et 1774, a été attaché au service de S. A. S. le Margrave régnant de Bade, est à portée d'attester qu'il a été témoin que plusieurs tanneurs d'Alsace, avaient cherché asyle dans les états de Bade; que le Margrave leur donnait des démolitions du fort de Kelh pour se bâtir des maisons; qu'il leur accordait des exemptions et des concessions de terres; que plusieurs autres tanneurs Alsaciens y avaient déjà passé précédemment, et avaient rendu la fabrique de cuirs, dans les états de Bade, très-florissante.

FLANDRE.

» C'est une des provinces dont les plaintes se sont le plus élevées. L'intendant, M. de Caumartin annonce, par sa lettre du 27 septembre 1775, que pour en vérifier le fondement, il s'est d'abord adressé à ses Subdélégués, *et qu'il a reçu de chacun d'eux des réponses qui semblent justifier ces plaintes.*

*Généralité d'*ALENÇON.

» M. l'Intendant d'Alençon envoie avec sa lettre du 20 juillet 1775, un tableau du nombre des tanneries en 1759 et en 1775, du nombre des fosses employées et de la quantité de cuirs fabriqués dans l'une et l'autre époque, ville par ville, avec un article de supplement pour les campagnes.

Le résultat de ce tableau est qu'il y avait dans cette Province,

En 1759.	En 1775.
200 Tanneurs.	Seulement 78.
1235 Fosses de fabrication.	455.

Nombre des cuirs fabriques dans les deux époques.

27,030.	. . . . 11,400.

Valeur des Cuirs.

1,200,000	500,000

Il remarque en général,

» Que *la qualité n'est plus la même.*

» Que *l'impôt se payant au poids, les tan-*

neurs, pour que leurs cuirs payent moins, ne laissent pas en fosse le temps suffisant pour leur faire acquérir, par les matières dont ils s'y imbibent, la qualité, la solidité, et le poids qu'ils devraient avoir.

» Que *cette diminution de qualité nuit au débit.*

» Que *les campagnes n'ont pas profité de la perte que les villes ont* faite de cette fabrique.

» Que *les recherches indiscrètes et multipliées des commis, dégoûtent les tanneurs aisés, qui ne veulent pas être sans cesse soupçonnés et accusés de fraude, et quittent ce commerce important.*

Généralité de Tours.

» Dans sa lettre du 14 août 1775, M. l'Intendant de Tours expose que *les éclaircissements qu'il s'est procuré s'accordent tous sur la réalité de la diminution des manufactures de cuirs, et sur les causes de l'affaiblissement de cette branche de commerce.*

» Qu'*avant l'établissement de la Régie, il existait à Amboise* douze *tanneurs, et qu'il n'y en a plus que* six, *qui, tous ensemble, ne font pas autant de commerce qu'un seul en faisait avant cette époque.*

» Qu'*à Château-Regnault, où l'on dit qu'il en existait* vingt-cinq, *il n'en reste que* huit, *qui tous se trouvent dans le même état d'inaction que ceux d'Amboise.*

» Que *dans les différentes petites villes des environs de Tours, et à Tours même, les tan-*

neurs qui avant 1759 *étaient au nombre de* seize, *se trouvent réduits à* quatre.

» *Et qu'à Angers, au lieu* de trente-quatre *qui devraient y exister, si on ajoute au nombre de* vingt huit *qui y étaient établis en* 1759, *celui des maîtres reçus depuis, il n'y en a que* dix-sept.

» Qu'*il est bien informé que dans le seul département d'Angers, il se fabriquait, avant* 1759, *par les tanneurs*, dix mille *peaux, et par les mégissiers* trente mille.

» Que *les uns et les autres n'en fabriquent plus qu'environ moitié, année commune*, et que *rien ne prouve plus évidemment la grande diminution du commerce des cuirs, que ce point de fait, dont il n'est que trop certain.*

» Que *loin de découvrir en aucun endroit de nouveaux établissements de ce genre, on en trouve partout d'abandonnés entièrement, ou dans lesquels on ne fait aucune fabrications.*

» Qu'*il ne peut dissimuler que ce qui a le plus contribué au dépérissement de cette branche d'industrie, est la gêne de la Régie, et les inquiétudes qu'elle cause aux tanneurs, par rapport aux procès de suspicion de fraude, qu'on peut à toute heure leur intenter, et l'exercice rigoureux qui se fait chez tous les fabricants, ainsi que chez les employants cuirs.*

» Que *ces raisons ont déterminé une grande partie des tanneurs, soit à quitter entièrement, soit à travailler en qualité de compagnons chez les autres maîtres, qui très-souvent ne peuvent leur donner d'ouvrage, y ayant actuellement peu de tanneurs qui entretiènent chez eux des ouvriers.*

Que *les corroyeurs ont éprouvé une diminution égale de maîtres et de compagnons.*

Généralité de Soissons.

» La réponse de M. l'Intendant de Soissons est du 28 août 1775.

» Il envoie un tableau détaillé de l'état des tanneries, subdélégation par subdélégation, avec des observations particulières à chacune.

» Le résultat en est *qu'il y avait, dans la province, en* 1759, cinquante-neuf *tanneries, qui faisaient assez bien leurs affaires, et qu'en* 1773, *il n'y en avait plus que* trente-six *qui les faisaient mal.*

» Que *les formes multipliées de la Régie, et les tracasseries sans nombre auxquelles les tanneurs sont exposés, les fatiguent, les dégoutent, et leur occasionnent des dépenses de main-d'œuvre pour marquer et contremarquer les cuirs, dont l'objet est pour eux une surcharge, de laquelle le fisc ne retire aucun profit.*

Généralité d'Orléans.

Que cette branche d'industrie a diminué, et qu'il paraît qu'en général les tanneurs emploient moins d'ouvriers qu'autrefois.

» Que *les négociants assurent qu'ils ne peuvent plus fournir la même quantité de cuirs tannés, et qu'ils font moins d'affaires avec eux.*

» Que *la forme prescrite par les règlements, gêne dans leurs achats les négociants, em-*

barrassés à connaître la fidélité des marques, sujettes à beaucoup d'altérations, et qui craignent de s'engager dans des contestations dont ils seraient responsables.

LANGUEDOC.

L'Intendant expose :

» Que *la fabrication des cuirs forts est réduite aux deux tiers, les tanneurs ne pouvant se dédommager de l'impôt sur le prix des ventes.*

» Que *la dureté de la Régie, par des visites renouvellées presqu'à chaque instant, excede les bornes des précautions à prendre pour éviter les fraudes; les commis étant moins occupés du bien de la Régie, que de se dedommager par des confiscations et des saisies, de la modicité de leurs appointements.*

» Que *la fidélité de l'empreinte de la marque est la chose la plus équivoque, et expose souvent les tanneurs à des procès ruineux, pour de prétendues contraventions qui ne sont rien moins que réelles, l'impression de l'humidité relâchant les cuirs dans les temps de pluie, et la sécheresse les resserrant ensuite, ce qui efface en partie, ou défigure la marque.*

» Divers Mémoires que M. l'Intendant de Languedoc a reçu de ses Subdélégués, attestent que de *deux cent soixante-quatorze* tanneurs qui existaient en 1759, dans leurs différents départemens, il n'en reste que *cent dix-sept.*

» Que *ces fabricants aisés ont été déterminés à quitter par les vexations des commis, par les fréquentes visites qu'ils faisaient nuit et jour, par les déclarations qu'on exigeait d'eux à chaque instant, par les procès-verbaux dont ils étaient menacés pour une erreur d'une peau de plus ou de moins, par les embûches qu'on leur tendait, par le soupçon perpétuel d'une fausse marque.*

» Que *le droit en lui-même, quoique très-onéreux est moins la cause de la destruction des tanneurs, que la forme gênante de la perception, qui les avilit à force de méfiance, et dérange leur travail à force de précautions.*

Généralité de ROUEN.

» M. l'Intendant de Rouen a envoyé, avec ses lettres du 1er décembre 1775, un tableau et un Mémoire d'observation dont le résultat est qu'en 1759 il y avait, dans sa généralité, *trois cent trente-trois tanneurs* et *quatre-vingt sept mégissiers ;* qu'il ne s'y trouvait plus, en 1775, que *deux cents soixante quinze tanneurs* et *quatre-vingt-six mégissiers* et que les uns et les autres font à peine la moitié du travail que les anciens exécutaient.

» Que *le nombre des ouvriers employés chez les maîtres, est moindre de moitié.*

» Qu'*il paraît qu'il entre moins de peaux étrangères dans le royaume, pour y être tannées.*

PROVENCE.

M. de la Tour expose dans sa lettre du 19 décembre 1775, que depuis 1759, la ville d'Aix a perdu *onze* tanneurs en cuirs.

» Celle de Brignolles, *vingt.*

» Celle de Grasse, pareillement *vingt* tanneurs et *huit* pelletiers, mégissiers ou corroyeurs.

» Qu'à Draguignan il y avait :

En 1759.	En 1775.
12 Tanneurs.	Il en reste 4.

A Barjemont ;

6 Tanneurs.	Ils ont tous quittés et sont ruinés.

A Barjols ;

30 Tanneurs.	Il en restent 9; les vingt-un autres, qui ont quitté, occupaient plus de cent ouvriers, les neuf qui restent chancellent dans leur commerce.

A Vence ;

7 Tanneurs.	Il n'y en a plus.

A Aups ;

Il en partait tous les ans douze à quinze charrettes chargées de Cuirs pour la foire de Beaucaire.	On n'en envoie plus qu'une.

» A Toulon, Colignac, Cuers, le Luc, Berre, Brue, toutes villes et lieux où cette fabrique était en vigueur, il n'y en a presque plus.

» *Cette branche d'industrie a passé de jour en jour dans le pays étranger, et surtout à Nice.*

BRETAGNE.

M. l'Intendant de cette province a écrit, le

5 février 1776, une lettre très-détaillée, dont il résulte que sur 558 tanneries, il n'en existe plus que 202, et que parconséquent 256 ont été détruites par l'effet des droits.

» Il attribue la décadence de ce commerce, *moins encore à la pesanteur de l'impôt, qu'à la rigueur et à la complication des formes de sa perception.*

DAUPHINÉ.

» La lettre de M. Pajot de Marcheval, est du 23 février 1776.

» M. de Marcheval donne l'état des maîtres et des ouvriers travaillants aux peaux, tant en 1761 qu'en 1774, dans les différentes villes de sa province.

» Il y avait, dans la première époque, *cent soixante-dix-neuf* maîtres tanneurs, chamoiseurs ou mégissiers, et *quatre cent soixante-un* ouvriers. Il n'y a dans la seconde que *cent cinquante-trois* maîtres, et *cent soixante-deux* ouvriers : diminution sur les maîtres, environ *un sixième* : diminution sur les ouvriers, environ les *trois cinquièmes*. La diminution sur la fabrique doit être d'environ moitié.

» Enfin, M. de Marcheval donne l'état de la recette, de la dépense, et des restitutions de la Régie du droit sur les cuirs, dans la direction de Grenoble, depuis 1761 jusqu'en 1774, suivant les comptes qui lui ont été remis par le directeur de la Régie ; et il en résulte que, depuis 1761 jusqu'en 1774, 543,998 l. 2 s. de recette totale, ont entraîné 512,127 l. 7 s. de dépense ou de restitution, et qu'il n'y a sur cette perception considérable, que 31,870 l. 15 s. de net. Ce n'est pas la seizième partie de la perception.

BOURGOGNE.

» M. l'intendant de Bourgogne a envoyé le 2 mai 1776, avec une lettre fort détaillée l'état des fabricans qui existaient en 1760, et celui des fabricants qui se sont trouvés en 1775.

» Il estime la différence de la fabrication, dans la proportion de *dix-neuf* à *trente*.

Tel est l'extrait du résumé qui fut mis, en 1778, sous les yeux du Contrôleur-général des finances.

QUATRIÈME PARTIE.

EXTRAIT *de ce qui s'est passé depuis le ministère de M.* NEKER, *relativement au Droit de marque des cuirs, des nouvelles réclamations qui se sont élevées, des réponses de la Régie, et des nouveaux renseignements que M. le Contrôleur-général s'est procurés.*

IL est impossible de rien imaginer de plus décourageant pour le peuple, de plus contraire à la vertu du Prince, de plus opposé aux lumières du Public, et aux bonnes intentions du Gouvernement. (*Le Rapporteur parle de l'addition des sous pour livre sur le droit sur le cuir.*)

Ce nouveau malheur arrivé à la fabrication et au commerce des cuirs, ne pouvait qu'exciter la sollicitude des personnes qui conçoivent l'importance de cette manufacture, et qui savent combien ses succès, si desirables par eux-mêmes, sont propres encore à favoriser l'agriculture, l'augmentation des engrais, la production et le commerce de la viande de boucherie, du lait, du beurre, du fromage et des laines, en augmentant l'intérêt que l'on trouve à élever des bestiaux.

On crut devoir proposer à M. d'*Ormesson*, parmi les opérations de bienfaisance et de bonne administration dont il était occupé, de détruire le droit de marque des cuirs, et d'y suppléer par une autre imposition. Il sentit, au premier coup-d'œil, les avantages de cette opération.

qui partageait sa confiance : celui-ci qui avait eu part à l'institution du droit actuel de la marque des cuirs, aux progrès de sa législation, et à l'établissement des sous pour livre, et qui était plus à portée de connaître le bon ordre de comptabilité et les produits de la Régie que les effets qu'elle produisait dans les provinces, mit M. d'*Ormesson* en balance, par le tableau progressif des produits. Et la retraite de ce magistrat respectable ne lui laissa pas le temps de vérifier ce qu'il y avait d'illusoire dans ces tableaux, relativement à l'état de la fabrication.

Les mêmes tentatives furent faites avec le même zèle auprès de M. de *Calonne* : d'abord avec la même apparence de succès, puis avec la même variation.

M. le comte *de Vergennes* avait été dans le cas, par sa correspondance avec les provinces qui entraient dans son département, d'être plus éclairé sur l'état des tanneries et des autres fabriques de cuirs et peaux. Il pressait M. *de Calonne* d'y apporter remède.

M. *de Calonne* demanda à la Régie un relevé:

» 1° Du produit nét du droit de marque.

» 2° Des frais que son recouvrement occasionne.

» 3° Des accroissements ou diminutions depuis son établissement.

» 4° Des abonnements admis et de ceux proposés, et des motifs qui les avaient fait rejeter ».

On répondit aux Mémoires de la Régie, » que d'après ses propres calculs, renfermés dans les tableaux que l'on cite, depuis 1764, première année où sa manutention a été com-

Mais il trouva prudent de consulter M. *Hamelin*,

plètement bien montée, jusqu'en 1771, les produits bruts de la perception ont baissé de *trois millions deux cent treize mille livres* à *deux millions six cent soixante-dix-neuf mille cinq cent quarante-une*, ou d'environ un sixième, malgré les soins progressifs et la plus grande habileté des régisseurs et des commis, et malgré la sévérité apportée dans la Régie par les lettres-patentes de 1766.

» *Que les Tanneurs, appauvris et forcés de retirer plus promptement leurs fonds pour faire honneur à leurs engagements, au lieu de laisser leurs cuirs deux ou trois ans en fosse, ne les y ont plus laissé qu'un an ou dix-huit mois*; ce qui ayant rendu les cuirs plus mauvais et moins durables, a procuré de plus fréquentes occasions de percevoir le droit de marque.

» Qu'il n'y a personne qui ne sache que les cuirs dont il est fait usage, sont en effet d'infiniment moins bonne qualité, et beaucoup plus promptement usés qu'ils ne l'étaient autrefois; que cette circonstance, jointe à l'augmentation du luxe, a doublé, ou à peu-près, la consommation, et aurait dû doubler aussi la fabrication du cuir, et par conséquent aussi le principal du droit de marque; et que, puisque ce produit ne se trouve cependant augmenté que d'un cinquième, on doit en conclure que la fabrication est tombée et retenue à près de moitié de ce qu'elle devait être, et que le surplus de la consommation est fourni par l'étranger; ce qui n'est en effet que trop vrai. Comme aussi que c'est par des étrangers, chez lesquels les principaux fabricants sont *des Français réfugiés*, *qui ont porté hors du royaume leurs capitaux, dont ils n'y trouvaient plus un emploi profitable, et leur industrie qu'on y vexait ».*

Il est impossible à celui qui écrit ceci, de ne pas se rappeler en effet, avec douleur, ce qu'il a vu en Allemagne : que le Palatinat, les Etats de Bade, et les pays de Liége, de Clèves et Juliers, n'ont presque formé leur belle et riche fabrication de cuirs, que par des tanneurs français, alsaciens, lorrains, messins, flamands, artésiens, et même champenois et picards.

Il en est de même des fabriques élevées en Piémont, en Savoie, dans le Comté de Nice et sur la côte de Gênes.

» Qu'il est cruel de penser que dans une classe entière de citoyens qui font un commerce annuel d'environ soixante millions, il n'y ait pas un *fabricant qui ne puisse être poursuivi comme faussaire sans être coupable*, et pas un faussaire qui puisse être véritablement convaincu ».

Ces raisons touchèrent le ministre. Il prit la résolution de supprimer le droit de marque, moyennant un remplacement.

Le petit comité intime d'administration qui s'assemblait alors chez M. *de Montaran*, eut ordre de rédiger un projet de loi.

Le Roi est le plus grand consommateur de cuir du royaume ; sa maison, ses chasses, sa cavalerie, son infanterie même, ont sans cesse besoin d'une quantité énorme de voitures, de harnois, de selles, de bottes, de souliers, de buffleterie. Il faut que sur cette dépense, le Roi rembourse d'une main aux fournisseurs l'impôt et toutes les vexations qui en ont été la suite, sur un pied double de ce que de l'autre main il a tiré des tanneurs et des chamoiseurs. Son revenu apparent sur cette partie surpasse donc de beaucoup son revenu réel; et il perd encore sur la mauvaise qualité de la matière, qui oblige à un plus grand entretien et à de plus fréquents renouvellements.

Les Tanneurs ont présenté des Mémoires aux notables; ils ont intéressé avec raison M. *Lambert*, alors rapporteur de celui des bureaux dans lequel on a le plus travaillé.

Parvenu au ministère, il s'est ressouvenu de leurs plaintes; il a voulu constater à quel point elles étaient fondées; il a favorablement écouté les demandes qui lui ont été faites par les provinces; il a écrit circulairement à tous messieurs les intendants. (*Suit l'extrait des réponses.*)

A Provins;

En 1759,	En 1788.
Quatorze Tanneurs ou Corroyeurs qui occupaient *trente-six* ouvriers.	*Cinq* Tanneurs ou Corroyeurs, qui emploient *dix-huit* ouvriers.

A Orléans;

En 1759,	En 1775,	En 1787,
9 Tanneurs. 36 Mégissiers. 1 Parchemiuier. 16 Bourreliers.	18 Tanneurs. 28 Mégissiers.	9 Tanneurs. 17 Mégissiers et Chamoiseurs. 3 Parcheminiers. 2 Bourreliers.

En 1759, il y avait à Noyon *treize* Tanneurs qui employaient *quarante-deux*	En 1788, il n'y a plus dans la même ville que *trois* Tanneurs qui n'emploient

ouvriers et qui fabriquaient
3930 Cuirs forts.
1350 Vaches.
4900 Veaux.

en tout que *sept* ouvriers, et qui n'ont fabriqué en 1787 que
450 Cuirs fort.
»00 Vaches.
2600 Veaux.

A *Angers*, il n'y avait alors que *dix-sept* Tanneurs, reste de *trente-quatre*.

A *Angers*, que *sept* maîtres Tanneurs, qui n'occupent chacun qu'*un* ouvrier.

A *Amboise*, il y avait encore *six* Tanneurs reste de *douze*.

A *Amboise*, *quatre* Tanneurs seulement qui n'occupent entre eux tous que *dix* ouvriers.

A *Château-Regnaut*, il restait *huit* Tanneurs, au lieu de *vingt-cinq* qui y étaient établis en 1759.

A *Château-Regnaut*, un maître Tanneur, qui emploie *un* ouvrier.

En 1759.
Seize Tanneurs, qui occupaient *soixante-deux* ouvriers.

Au mois de janvier 1788,
Cinq Tanneurs, qui n'emploient que *huit* ouvriers.

	En 1759	En 1766.	En 1774.	En 1786.	
A Aix. . . .	17.	13.	9.	1.	Tanneurs.
A Brignolles.	47.	29.	27.	22.	
Et dans les 29 arrondissem^s formant l'étendue de la Direct. d'Aix.	166.	147.	129.	82.	

La direction de Grasse :

En 1759.
259 Tanneurs.

En 1787.
79 Tanneurs ou Mégissiers.

A Vitré ;

En 1759.	En 1775.	En 1787.
Soixante-six Tanneurs, qui occupaient *cent vingt-six* ouvriers.	*Trente-deux* Tanneurs qui n'employaient plus que *quarante quatre* ouvriers.	*Six* Tanneurs seulement, dont le nombre d'ouvriers n'est pas énoncé.

A Sedan ;

En 1759,	Et au 16 janvier 1788.
Seize maitres Tanneurs qui occupaient *soixante-quatorze* ouvriers.	*Neuf* maitres qui n'employaient que *dix* ouvriers.

A Metz ;

En 1759.	En 1787.
Quarante-huit Tanneurs qui occupaient *quatre-vingt-quatre* ouvriers et *cent quatre-vingt-quatorze* fosses.	*Trente-six* Tanneurs qui n'occupent que *vingt-trois* ouvriers et *quatre-vingt-dix-neuf* fosses.

Il serait donc clair, d'après les éléments même que la Régie a fournis, que la fabrication des cuirs est au moins des quatre neuvièmes au-dessous de ce qu'elle devrait être.

Mais sa décadence doit être regardée comme beaucoup plus grande, puisqu'il a été démontré de cent façons, que l'augmentation des produits n'a eu aucun rapport avec l'état de la fabrication, et puisqu'il est sensible que l'accroissement de rigueur qui a procuré cette augmentation n'a pu être qu'un surcroit progressif de calamité pour la fabrique.

Il n'est plus permis à personne de douter

ni de cette calamité, ni de la nécessité d'y pourvoir.

On doit prévoir même qu'il n'y faut pas de simples palliatifs, mais des remèdes très-efficaces.

Nous allons, dans la partie suivante de ce travail, discuter avec le soin le plus scrupuleux tous ceux qui ont été proposés.

La multitude d'observations que nous avons rassemblées dans ce rapport, n'ont d'autre but que d'établir irrésistiblement la nécessité de ne plus croire aux sophismes qui, jusqu'à présent, ont arrêtés les bonnes intentions du gouvernement, lorsqu'il a voulu réformer le droit de marque sur les cuirs.

CINQUIÈME ET DERNIÈRE PARTIE.

EXAMEN *des divers Projets proposés pour suppléer au Droit de marque sur les Cuirs.*

C'EST un point convenu que le droit de marque des cuirs, et les formes litigieuses de sa perception, ne peuvent subsister.

PROPOSITIONS

Faites par différents Corps de Tanneurs.

N° 1er.

Mémoire des Tanneurs d'Orléans.

Renvoyé au Rapporteur le 31 mars de cette même année.

Les tanneurs d'Orléans proposent dans ce mémoire très-court et très-simple :

Que le droit sur les cuirs soit imposé sur la totalité du royaume, sans aucune exception de villes privilégiées, ni aucun autre abonnement que l'imposition elle-même, qui serait générale.

Ils disent que la répartition de cet impôt sur les tanneries ne serait pas difficile ; qu'elles sont rassemblées en petit nombre dans les lieux qui leur fournissent l'eau, et où elles peuvent se procurer des écorces ; qu'il n'est point de commerce dont on puisse aussi aisément estimer la valeur que celui des cuirs et autres peaux.

Que le renouvellement des marchés des abatis des bouchers tous les ans, les magasins de cuirs en verd et de tan, qui sont très-volumineux, le nombre des fosses, des cuves, des ouvriers et des moulins à tan, donnent de bons éléments de répartition.

Proposition de la Compagnie de Leval.

La plus puissante et la plus accréditée des deux Compagnies qui se présentent, pour traiter de l'impôt sur les cuirs avec le Gouvernement, est celle connue sous le nom de *Leval*. Elle a fait deux soumissions. Par la première, en date du 18 décembre 1787, renvoyée au Rapporteur le 18 février 1788, elle a proposé de verser net au Trésor Royal, la *même somme que la Régie perçoit brut*, sur la fabrication et le commerce des cuirs. Par la seconde, renvoyée le 28 février, elle offre le *produit net* que verse actuellement la Régie au Trésor Royal, avec une augmentation de *cinq cent mille francs*.

Dans l'une et l'autre soumission elle offre une avance de *quatre millions* à *cinq pour cent d'intérêt*, et qui ne lui seront remboursés que dans les deux dernières années de son bail.

Per ces deux soumissions, elle demande ce bail pour douze années, et à être autorisée à faire la perception par forme d'abonnement, sauf à la continuer ou l'établir, en la manière accoutumée, sur les Tanneurs qui se refuseraient à l'abonnement.

Elle prend les frais de perception à sa charge.

Il n'y a pas de doute que l'abolition de la plupart des formes litigieuses et vexatoires ne fût un grand bien, c'est-à-dire une grande diminution de mal pour la fabrique.

A quoi se réduit le service que la compagnie de Leval se propose de rendre au Gouvernement?

1° A garantir au Roi, pendant *douze ans*, un revenu qui lui sera garanti à elle-même par la solidarité des Communautés de chaque Province, dans leur intérieur et entr'elles.

2° A fournir au Trésor royal une augmentation de revenu de *cinq cent mille francs*, qu'elle imposera sur les Provinces selon l'étendue de la fraude passée, qui est impossible à connaître, mais qui sera présumée, de manière à donner à la Compagnie un profit raisonnable, et à chacun de ses membres, détaché pour négocier les abonnements dans une tournée des Provinces qui seront attribuée à son département, des avantages particuliers proportionnés à son intelligence.

Les procteteurs désintéressés de cette compagnie voient la suppression de l'inquisition domiciliaire, des procès pour fausse marque et des accommodements clandestins avec les commis; et ils ont tant entendu dire, avec tant de raison, que ces accessoires du droit de marque sont plus funestes encore que le droit lui-même, *qu'ils regardent la restauration de la Fabrique comme un évènement indubitable, pourvu que le droit de marque soit supprimé.*

PROPOSITIONS

auxquelles il paraît que le Gouvernement doit son attention la plus particulière.

De quoi s'agit-il, relativement au droit de marque des cuirs?

1°. De supprimer cette imposition, *qui est payée en grande partie par le Roi lui-même; qui donne lieu à de criantes injustices; qui entraîne, pour les contribuables. une multitude de faux frais totalement inutiles aux finances ; qui a ruiné et ruine de plus en plus, chaque jour, une branche importante d'industrie, de fabrication et de commerce ; qui décourage l'éducation des bestiaux*, et nuit ainsi non-seulement aux Tanneries, Chamoiseries, Mégisseries et Parcheminerie, sur lesquelles elle frappe directement, mais encore à l'abondance des engrais, à celle du laitage, des fromages, des beures, à celle de la viande de boucherie, à celle des laines pour nos draperies et autres étoffes ; et qui, diminuant un grand nombre de sources de richesses, arrête les progrès naturels des produits territoriaux et des consommations, de toutes les bases de revenus de la Nation, de l'État et du Roi.

2°. De remplacer au Trésor Public ce qu'il peut tirer actuellement de ce droit destructeur, en y substituant une contribution moins onéreuse, qui ne soit point vexatoire, qui n'arrête aucun travail, et dont les frais de perception soient réduits à la plus foible proportion possible.

Ce qui a égaré, dès le premier pas, tous ceux qui ont eu à traiter cette matière, c'est qu'ils ont cru qu'il fallait nécessairement que l'impôt de remplacement du droit de marque des cuirs fût pris *sur la fabrication* et le commerce *des cuirs* et des peaux.

Mais où en est la nécessité ?

Quelle raison peut-il y avoir d'imposer un genre de fabrication et de commerce plutôt qu'un autre ? Pourquoi imposer les cuirs, qui sont une production de notre sol, qu'on prépare avec les écorces, autre production de notre sol, dont le bon débit encourage à multiplier ou à conserver les bois ? Pourquoi imposer les cuirs, nécessaires à tous les ordres de consommateurs, plutôt que les draps fins et que les étoffes de [illegible] d'or, dont la plus grande partie de la matière première est étrangère, et qui ne sont qu'à l'usage des riches ?

On dit, et avec raison, qu'il faut encourager, les Fabriques qui assurent le débit de nos productions, en fournissant des salaires Peuple. Plusieurs personnes mêmes sont d'avis qu'il est bon d'imposer le peuple, pour donner des primes et des avances aux Manufactures. On n'a pas assez réfléchi si, avant de les payer, il ne serait pas utile de commencer par ne leur rien prendre. On les a gênées, vexées, réglementées inspectées, marquées, plombées, visitées, imposées de cent façons, et l'on est étonné que sous des soins si multipliés, si pesants, elles ne fassent pas de progrès rapides.

Ceux qui ont engagé le Gouvernement à lever ainsi de l'argent d'une main, pour le donner de l'autre, et le retirer des deux, l'ont chargé d'un travail bien pénible, bien fatiguant, bien nuisible pour lui-même et pour les autres.

Les Ministres, aujourd'hui plus éclairés, reconnaissent les abus de ce régime arbitraire, incohérent et contradictoire. Ils voudraient que leur administration fût simple, équitable et paternelle.

N. B. Nous terminons par ces réflexions, qui appartiennent à M. le conseiller-d'état Dupont de Nemours, l'extrait de son excellent rapport, que nous avons trop abrégé, en renfermant en 52 pages les 300 pages dont il se compose.

De l'Imprimerie de C.-F. PATRIS, rue de la Colombe, n° 4. (Janvier 1816.)

www.ingramcontent.com/pod-product-compliance
Lightning Source LLC
LaVergne TN
LVHW020451230826
846091LV00004B/1643

* 9 7 8 2 0 1 1 9 0 1 7 7 4 *